Dʳ H. THULIÉ

LA

COALITION CLÉRICALE

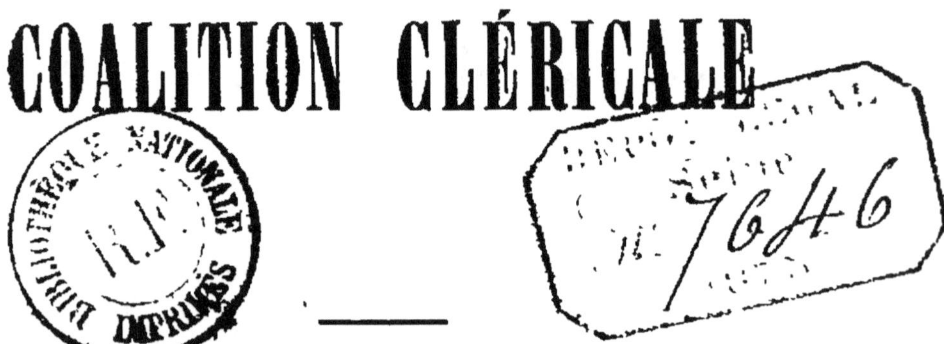

5 CENTIMES

PARIS

LIBRAIRIE DU SUFFRAGE UNIVERSEL

14, RUE HAUTEFEUILLE, 14

1875

DÉCHÉANCE DE NAPOLÉON III

ET DE SA DYNASTIE

VOTÉE PAR L'ASSEMBLÉE NATIONALE

à l'unanimité, moins 6 voix

Dans sa séance du 1ᵉʳ mars 1871

« L'Assemblée nationale clôt l'incident, et, dans les circonstances douloureuses que traverse la patrie et en face de protestations et de réserves inattendues, confirme la déchéance de Napoléon III et de sa dynastie, déjà prononcée par le suffrage universel, et le déclare responsable de la ruine, de l'invasion et du démembrement de la France. »

LA
COALITION CLÉRICALE

Il y a peu de temps encore les trois partis monarchiques paraissaient parfaitement distincts les uns des autres. L'histoire et la plus simple logique démontraient qu'ils devaient être profondément séparés par leurs aspirations, leur but, et l'essence même de leur existence ; et, si les principes ne suffisaient pas, les haines mortelles et le sang répandu devaient, croyait-on, établir entre eux une barrière à tout jamais infranchissable.

Il n'en est rien, et ce n'était qu'une apparence vaine ; les monarchistes de toute couleur ont fait table rase de leurs principes et de leurs traditions. Il est facile de le constater aujourd'hui que la longue lutte parlementaire a déchiré les voiles.

En réalité, il n'y a plus entre les partis réactionnaires qu'un sujet de division et de lutte, un sujet unique, entendez-vous, c'est l'amour des places et les chances de les obtenir ; chacun ne tient au monarque de son choix que pour être plus près de la source des faveurs et des grasses sinécures.

Quant aux principes fondamentaux et essentiellement opposés qui les séparaient, tout cela a disparu, on s'est débarrassé de cette vieille friperie de principes, fatras gênant pour l'escalade du pouvoir.

Ainsi nous avons vu au mois d'octobre 1873, la royauté de droit divin, LA LÉGITIMITÉ, accepter le régime parlementaire, négation de son principe fondamental. Sans le drapeau blanc, et surtout avec quelques voix de plus à la Chambre, Henri V devenait un simple Louis-Philippe.

Ainsi nous voyons L'ORLÉANISME, né sous le patronage de Voltaire et de la Révolution, qui en 1830 proclamait avec fracas le règne de la loi et n'avait en réalité d'autre raison d'être que son affirmation des libertés constitutionnelles, faire aujourd'hui litière de toutes ces libertés, voter la loi cléricale sur l'enseignement supérieur, et perpétuer sans raison valable sur la moitié du pays le plus sage et le plus patient d'Europe, l'état de siége, c'est-à-dire la négation du règne de la loi. Que sont devenus les principes de l'Orléanisme !...

Faut-il parler de ceux des Bonapartistes ?...

Le suffrage universel, par exemple..... Mais les Bonapartistes ont, de complicité avec les autres monarchistes de l'Assemblée, enlevé au suffrage universel la nomination des maires ;

Le Concordat ?... Mais n'ont-ils pas voté, par moitié au moins, la loi cléricale sur l'instruction supérieure ? Négation en fait du concordat ;

La volonté populaire ?... Mais ils demandent sans cesse un coup d'Etat !...

Hommes de mensonge, aussi bien que de violence, ils font flèche de tout bois, et selon le milieu et le pays, pleurent sur Louis XVI et Marie Antoinette, recherchent l'alliance des vaincus de la Commune, admirent sans pudeur l'orléaniste de Broglie qui d'ailleurs le leur rend bien, se font gallicans, ultramontains, libres penseurs, dévots, tantôt affirment que leur prince est un philosophe, tantôt rappellent bien haut que Napoléon IV est le filleul du Pape.

Voilà pour les principes des trois partis monarchiques.

Quant aux haines traditionnelles qui les divisaient, quant à la mare de sang qui est entre eux et paraissait les rendre à jamais irréconciliables, il n'en est plus question ; on laisse à l'histoire radoteuse ces vieux souvenirs qui gênent dans la lutte pour les trônes. On a tout oublié ; la mort de Louis XVI votée par Philippe-Egalité, l'assassinat du duc d'Enghien, la terreur blanche, la révolution de 1830, le massacre de 1851, etc., etc... et Légitimistes, Orléanistes, Bonapartistes marchent, bras dessus, bras dessous, à l'assaut de la République, sous la bannière du sacré-cœur de Jésus.

Car ils ont tenté d'exploiter le Cléricalisme, ces monarchistes naïfs; ils ont voulu en faire leur trait-d'union, une simple machine de guerre ; mais le trait-d'union les a enveloppés, enlacés, garrotés, et c'est le

Cléricalisme, au contraire, qui exploite à son profit les monarchistes de toutes les couleurs.

En vérité, il n'y a plus aujourd'hui ni Légitimistes, ni Orléanistes, ni Bonapartistes, *ces trois partis ne font plus qu'un seul et même parti*, LE PARTI CLÉRICAL.

Coalition dont le seul objectif actuel est l'anéantissement de la République au profit du Vatican et des Jésuites.

Je dis au profit des Jésuites, parce que le Vatican est gouverné par eux, parce que leur idéal religieux s'est imposé à Rome, parce que l'Immaculée-Conception, le culte du cœur de Jésus, l'infaillibilité du Pape, sont de leur invention, qu'ils ont sans cesse prôné et prêché co culte qui a été sanctifié, et ces hypothèses audacieuses qui sont devenues des dogmes.

Les Jésuites, qui ont inspiré le Syllabus, sont aujourd'hui les vrais directeurs de la religion catholique.

Leur ordre a toujours cherché la fortune et la domination par tous les moyens ; toujours aussi il a poussé si loin ses tentatives d'envahissement et de conquête sur la société civile, qu'il a eu maille à partir avec tous les États d'Europe, et non pas sous des gouvernements révolutionnaires, mais sous la monarchie de droit divin.

Les Jésuites furent successivement CHASSÉS de France en 1594 et en 1762, de Portugal en 1759, d'Espagne en 1767, de Russie en 1717 et en 1817.

Vers la fin du siècle dernier ils étaient devenus un tel péril social, leurs intrigues audacieuses, et leur ingérence effrontée dans les affaires tant privées que publiques offraient de tels dangers, que les différents États d'Europe demandèrent unanimement la suppression de leur ordre.

Il fut SUPPRIMÉ en 1773 par le Pape Clément XIV, qui en mourut..... empoisonné.

Mais comme les rois oublient vite les fléaux dont leurs peuples ont souffert, les Jésuites furent solennellement rétablis en 1814 par le Pape Pie VII, sans qu'aucun gouvernement d'Europe songeât à protester.

Toutefois, le dévot Charles X fut obligé, en 1828, de fermer leurs établissements et de mettre en vigueur la loi qui les chassait de France.

Quand on connaît leurs traités de morale, on n'est plus étonné de cette réprobation universelle ; on est surpris au contraire de voir des gouvernements tolérer quelque part ces dissolvants de toute société organisée. Je vais citer des extraits de quelques-uns de leurs moralistes, et l'on verra qu'en effet leur morale est incompatible, non-seulement avec nos mœurs, mais encore avec nos lois.

Leur premier principe, celui auquel ils doivent leur puissance, est l'obéissance passive, absolue. Ignace de Loyola, dans ses préceptes, recommande de se soumettre aveuglément à l'Eglise au point de « tenir pour noir un objet qu'elle dit être noir, alors même qu'il serait blanc. »

C'est l'anéantissement de la conscience.

Au reste, dans leur organisation de combat, ils professent plus d'estime pour l'adresse que pour la vertu : « une prudence consommée, dit encore Ignace de Loyola, jointe à une *pureté mediocre* VAUT MIEUX, qu'une sainteté plus parfaite jointe à une habileté moins grande. »

Leur morale a des recettes subtiles et infaillibles qui rendent la vertu facile a pratiquer. Georges de Rhodes soutient que « si quelqu'un commet un adultère ou un meurtre en se doutant de la gravité de ces actes, mais en n'y arrêtant pas sa pensée, il commet un péché très léger, quoique la chose soit très grave en soi. »

Le fameux père Jésuite Escobar, un des grands moralistes de l'ordre, celui qui a donné son nom à tout ce qui est compromis de conscience, réticence mensongère, serment escamoté, affirme qu'on n'est pas lié par une promesse, si on n'avait pas l'intention de se lier. — Castro Palao soutient la même thèse et affirme que l'on peut sans pécher, prêter un serment équivoque toutes les fois que l'on a un motif suffisant pour cacher la vérité. Exemple : Il n'est pas nécessaire d'avouer au juge le crime que l'on a commis dans le cas où l'aveu serait dangereux ; on peut jurer qu'on ne l'a pas commis si on a le soin d'ajouter mentalement : « en prison ». Autre exemple : On peut ne pas tenir une promesse de mariage si on l'a faite sans avoir l'intention de se lier. Alloza, digne émule d'Escobar, a écrit des préceptes comme ceux-ci : « Quiconque voit un autre puni des délits commis par lui-même, et qu'il ait pris le parti de se taire, n'est pas tenu de dédommager la victime. » — « Quiconque a rendu en bonne conscience un faux témoignage est tenu de le rectifier, s'il a mis la vie d'autrui en danger et si la rectification ne compromet pas la sienne propre ». Layman, autre moraliste de même robe, dit que l'on peut exposer les bâtards si l'on ne peut échapper qu'à ce prix au scandale et au déshonneur.

Le proverbe : *la fin justifie les moyens,* est en grand usage dans la morale de l'ordre ; Busenbaum admet qu'il est permis de faire le mal, afin qu'il en résulte un bien. Escobar pense de même et le dit brutalement : « Saa ne le pense pas, écrit-il, car, selon lui, il n'est pas permis de faire le mal afin de produire le bien ; quant à moi me souvenant de Loth qui a offert ses filles aux Sodomistes pour éviter un péché plus grand, je crois que cela est permis, car ce n'est pas provoquer un mal absolu mais un mal relatif. »

La facilité de leur morale va jusqu'à se trouver en contradiction absolue avec notre code pénal ; voici un des préceptes d'Alloza : « L'homme bien élevé à qui la mendicité répugne, peut voler ce qui lui est nécessaire s'il n'a pas d'autre moyen de se procurer ce qu'il lui faut. »

Il mettaient d'ailleurs leur morale en pratique et ce fut un scandale d'argent, une véritable banqueroute frauduleuse commise par eux (l'Ordre proposait de payer en messes les dettes commerciales du père Lavalette, leur procureur général des missions), qui décida leur expulsion de France, en 1762.

Ces personnages, dont l'arme ordinaire est la calomnie, ont du scandale une terreur profonde.; Amicus soutient que le prêtre ou le moine, quand il n'a pas d'autre moyen de se défendre, est autorisé à tuer celui qui menace de l'accuser à tort d'un crime.

Et ils ne font ni grâce ni merci à ceux qui parlent mal de l'Ordre; le célèbre père Molina recommande de ne pas se laisser attendrir lorsqu'on, tue son calomniateur, par la pensée que l'on peut l'envoyer en enfer pour l'éternité; selon lui, et l'ingénieux Escobar, il est permis de prévenir la calomnie en tuant le calomniateur.

Le moyen est, en effet, excellent.

On trouve encore, dans les moralistes de cette association, des préceptes qui font frémir la nature et bondir le cœur. Lisez : « Les fils Chrétiens et Catholiques, c'est la doctrine de Facundez et d'Escobar, peuvent accuser leur père du crime d'hérésie, quand même ils prévoient que cette dénonciation entraînera la mort de leurs parents. Ils sont autorisés à refuser toute nourriture à leurs parents, si ceux-ci tentent de leur ôter leur foi. Bien plus, si les parents recourent à la violence, les enfants, dans l'intérêt de leur conservation bien entendue, peuvent mettre à mort les auteurs de leurs jours. »

Il y a encore plus abominable ! Facundez, Tanner et Gobat soutiennent qu'il est permis à un fils de se réjouir d'avoir, en état d'ivresse, tué son père, si cette mort lui vaut un bel héritage

Quelle monstruosité! quel cynisme!...

Et ce n'est pas leur morale d'autrefois, des erreurs passées que les jésuites d'aujourd'hui ne professent plus; non. Voici ce que publiait en 1834, à Fribourg en Suisse, le père Moullet, dans un Manuel de Morale : « Si quelqu'un trouve plaisir à entretenir des relations intimes avec une femme mariée, non point parce qu'elle est mariée, mais parce qu'elle est belle, et en faisant abstraction du fait du mariage, ce plaisir n'implique pas le crime d'adultère. » Et ceci du même : « Le séducteur n'est pas tenu en conscience de réparer son crime, si ce crime est resté secret. »

On croirait lire les révérends pères Escobar ou Molina; ce sont bien les mêmes immoralités immondes.

Aujourd'hui ces moralistes étranges ont repris la plume en France, avec plus de timidité toutefois, ne trouvant pas encore le terrain assez solide sous leurs pieds; malgré la gaze et les voiles on aperçoit et on reconnaît la morale de haut goût des Pères. Il s'agit d'un petit livre à l'usage des écoles chrétiennes, dont la huitième édition a paru en 1874; il est écrit par le vicaire général de l'Evêque de Verdun. En voici quelques extraits :

« D. Quelles sont les causes qui permettent de différer la restitution?

R. Ces causes sont : 1° l'impuissance

physique, c'est-à-dire l'état du débiteur qui n'a rien ou qui est dans la nécessité extrême; 2° *l'impuissance morale*, c'est-à-dire cet état dans lequel *le débiteur ne pourrait restituer sans déchoir notablement de la position justement acquise, sans tomber et sans entraîner sa famille dans la misère, ou sans s'exposer au danger de perdre sa réputation.* »

C'est la sanctification de la banqueroute frauduleuse!..

« D. Est-on toujours coupable de vol, quand on prend le bien d'autrui?...

R. Non, il peut arriver que celui dont on prend le bien n'ait pas droit de s'y opposer; ce qui a lieu, par exemple, lorsque celui qui prend le bien d'autrui est dans une nécessité extrême, et qu'il se borne à prendre ce dont il a besoin pour en sortir, ou lorsqu'il prend en secret au prochain, par manière de compensation, ne pouvant le recouvrer autrement, ce que celui-ci lui doit à titre de justice. »

Voilà un catéchisme qui ne s'entendrait certainement pas avec les tribunaux.

« D. Est-il quelquefois permis de tuer un innocent?...

R. Il n'est pas permis de tuer directement un innocent, même en vue de l'intérêt public; mais on peut, dans le cas d'une nécessité grave et urgente, faire une action bonne en elle-même, quoique capable de causer la mort d'une ou plusieurs personnes innocentes, pourvu que celui qui fait cette action n'ait en vue que le bien qui doit en résulter et qu'il éloigne de tout

son pouvoir le mauvais effet qu'il re-
doute. »

Et ceci : « Il est permis de se réjouir d'un
mal ; par exemple un fils peut recueillir
avec plaisir la succession que lui procure
le meurtre de son père. »

Cette subtilité donne le frisson.

Voici pour nos lois civiles : « Ainsi, en
France, tout mariage contracté uniquement devant l'officier de l'état civil, est
nul de plein droit et n'est qu'un fantôme
de mariage. »

C'est absolument faux, mais qu'importe
au Jésuite ! L'enfant qui apprend par cœur
ce catéchisme malhonnête croira et re-
tiendra le mensonge imprimé.

C'est pour enseigner cette morale et ré-
pandre ces doctrines en contradiction absolue avec nos mœurs et avec nos lois que
les Jésuites sont si ardents à bâtir des écoles et des colléges et à fonder des univer-
sités.

Les monarchistes de toute nuance sont
les alliés des Cléricaux dans cette entre-
prise contre la conscience française.

Et ils en veulent, non-seulement à notre
conscience, mais encore à nos lois.

Le père Sampin affirmait, il y a quelques
jours, au congrès catholique de Poitiers,
que le code et ses principes pervertissent
l'enseignement du droit. Leur droit est
donc incompatible avec le nôtre, c'est eux
qui le disent ; ils repoussent nos principes
sociaux, ils veulent supprimer nos lois et
nos rares libertés qui les gênent, et rempla-
cer le Code par le Syllabus ; c'est la théo-

cratie qui tente de s'emparer du gouvernement de la France.

Et la coalition monarchique, soi-disant conservatrice, travaille avec ardeur à cette désorganisation sociale !

Quand, il y a deux ans, monarchistes et Cléricaux cherchaient à hisser Henri V sur le trône, on les accusait de vouloir rétablir l'ancien régime pour rentrer dans leurs priviléges d'autrefois, et ils criaient à la calomnie. Aujourd'hui que la victoire leur paraît assurée, ils réclament déjà, dans leurs congrès catholiques de Poitiers et de Reims, la destruction de notre Code, le rétablisement du droit d'aînesse, la liberté de tester, l'abolition du mariage civil, le rétablissement des corporations, c'est-à-dire du travail privilégié. Si la société leur était livrée ils ne s'arrêteraient pas en si beau chemin et nous verrions refleurir bientôt la dîme et le droit du Seigneur.

Et, cependant, ne sont-ils pas assez riches ces noirs-communistes, qui achètent toujours et ne vendent jamais. Leurs biens s'accroissent sans cesse, absorbent tout ce qui les avoisine, et envahissent peu à peu le territoire comme une marée irrésistible. On peut calculer le temps où les communautés posséderont tout le sol de la patrie. Alors, que seront devenus le paysan et le petit propriétaire?

Le Cléricalisme n'est pas satisfait de ses nombreux priviléges ; il veut plus encore, il veut tout !... Et il a engagé follement une lutte sans merci contre la société moderne.

Les monarchistes de toute nuance, depuis les partisans de Henri V et de Louis-Philippe II, jusqu'à ceux de Napoléon IV, le filleul du Pape, sont complices dans cette guerre funeste ; en haine de la République ils combattent sous le drapeau des Jésuites au risque de perdre le pays.

Leur triomphe serait : à l'intérieur, la désorganisation sociale ; à l'extérieur, la guerre contre toute l'Europe au profit du Pape.

Vous tous donc, ouvriers, paysans, bourgeois, qui voulez le salut de la patrie ; vous tous que la Révolution, en vous arrachant à la servitude, a faits des citoyens libres, égaux et soumis aux mêmes lois, levez-vous au jour du vote, et défendez votre EXISTENCE SOCIALE.

L'ennemi, c'est Henri V, c'est Louis-Philippe II, c'est Napoléon IV, le filleul du Pape, ligués contre la République et pour le Syllabus.

L'ennemi c'est la COALITION CLÉRICALE !

Docteur H. THULIÉ,
Membre du Conseil municipal de Paris
et du Conseil général de la Seine.